Face Occidentale d'Youm-Bournou, Cap à l'entrée de la Mer Noire, Côte d'Asie.

(a) Grotte basaltique semblable à la Grotte de Fingal en Irlande.

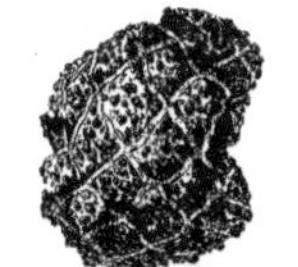

Fragment
d'un Filon de Chalcédoine.

Basalte de Buiuk-Liman.

Agglomérats volcaniques avec filons
de Chalcédoine, de Buiuk-Liman, Côte d'Europe.

Dessiné par Préaux à Constantinople.

Face Orientale des Cyanées,
Recueil à l'entrée de la Mer-Noire, Côte d'Europe.
(b) Colonne de Pompée.

Gravé par L. J. Allais.

Conduite des Eaux.

Coupe longitudinale d'une Conduite d'Eau à Souterrain.

Coupe d'un Souterrain.

Souterrain à élever.

Elévation.

Plan.

Maçon.
M.
M.
Lule.
L.

Rapport des Tuyaux en plomb des Souterrains
un volume d'Eau qui doit être fourni.

Orifices des Maçons et Lule.

Crible à Lule ou Échelon
pour le pincerage et la répartition des Eaux.

Plan et Coupe d'un Lule.

Lule.

Maçon.

Lule.

Coupe des Aqueducs souterrains
très anciennement construite.

Gravé par T. Smith.

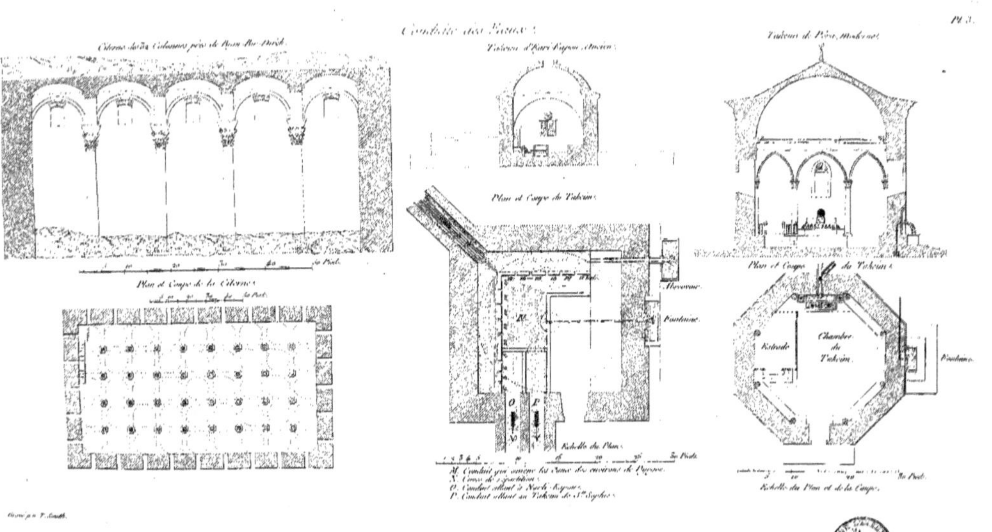

Pl. 3.
Conduite des Eaux.
Citerne des Colonnes près de Baba Nakké.
Plan et Coupe de la Citerne.
Intérieur d'Eau, Ancien.
Plan et Coupe du Tchesmé.
Intérieur de Pera, Moderne.
Plan et Coupe du Tchesmé.
Abreuvoir.
Fontaine.
Chambre du Tchesmé.
Estrade.
Fontaine.
Echelle du Plan.
Echelle du Plan et de la Coupe.
M. Conduit qui amène les Eaux des environs de Pera.
N. Cours de réparation.
O. Conduit allant à Mecla Kyous.
P. Conduit allant au Tchesme de Ste Sophie.
Dessiné par T. Smith.

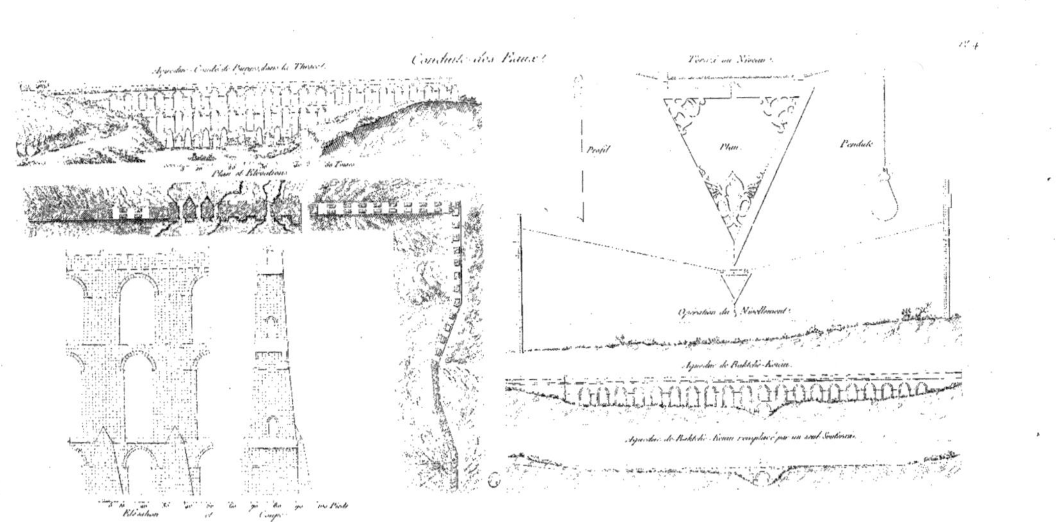
Conduite des Eaux.
Aqueduc Canal de Pyrgos dans la Thrace.
Plan et Élévation
du Pont
Élévation
Coupe
Gravé par T. Smith.
Tracé au Niveau.
Profil
Plan
Pendule
Opération du Nivellement.
Aqueduc de Bakhtché-Kioui.
Aqueduc de Bakhtché-Kioui remplacé par un seul Souterrain.

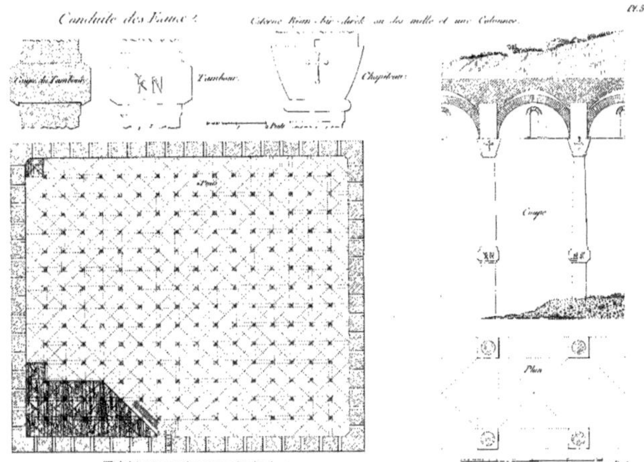

Coupe du Tchekour-Bostan.
Tchekour-Bostan, ou Citerne à Ciel-ouvert.
Plan
du Mur d'enceinte.
Élévation   et   Coupe.
Conduite des Eaux.
Citerne Bimm-bir-direk, ou les mille et une Colonnes.
Coupe du Tambour.   Tambour.   Chapiteau.
Coupe.
Plan.
Pl. 5.

KN

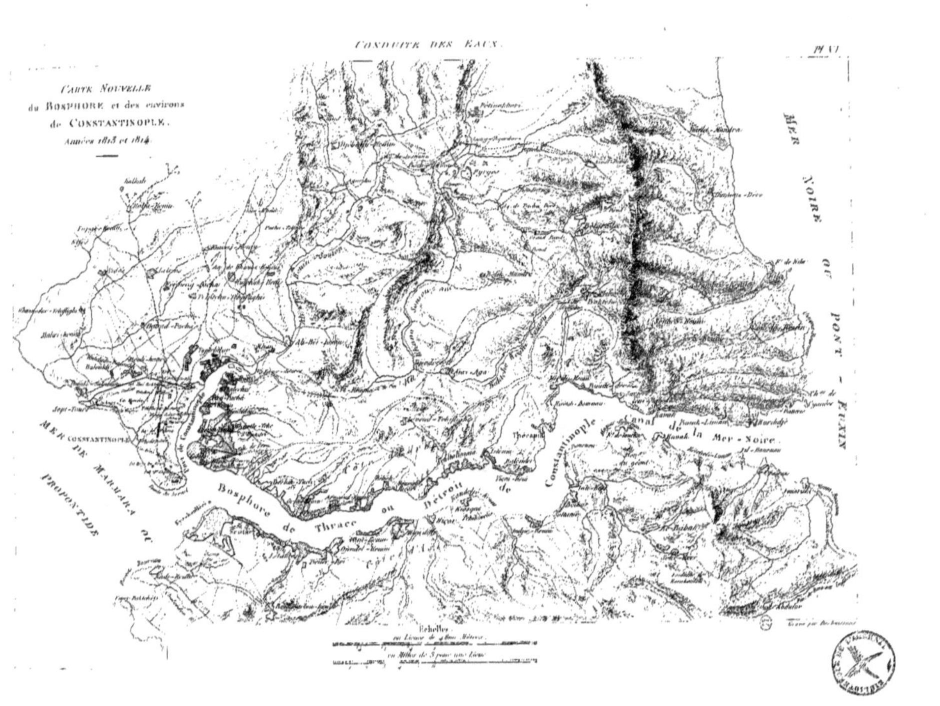

CONDUITE DES EAUX.
Pl. VI
CARTE NOUVELLE
du BOSPHORE et des environs
de CONSTANTINOPLE.
Années 1813 et 1814
MER NOIRE ou PONT-EUXIN
MER DE MARMARA ou PROPONTIDE
MER DE CONSTANTINOPLE
Bosphore de Thrace ou Détroit de Constantinople
Canal de la Mer-Noire
Thérapia
Echelles
en Lieues de 4000 Mètres.
en Milles de 3 pour une Lieue.

L'At-méidani. (place de l'hyppodrôme.) avec la mosquée de Sultan Ahmed.

Châteaux d'Europe et d'Asie et Fontaine de Sultan-Selim.

Grottes et terrains volcaniques dans le golfe de Kabakos du Canal de la mer Noire.

Fort de Kila sur la mer Noire avec ses souterrains.